W0083123

© Verlag Friedrich Oetinger, Hamburg 1994
Alle Rechte für die deutschsprachige Ausgabe vorbehalten
© Lars Klinting (Text und Bild) 1993
Die schwedische Originalausgabe erschien bei Rabén & Sjögren
Bokförlag, Stockholm, unter dem Titel »Första Djurboken«
Deutsch von Regine Elsässer
Satz: Satz + Repro Kollektiv, Hamburg
Druck und Bindung: Polex International, Singapore
Printed in Singapore 1994

ISBN 3-7891-6762-2

LARS KLINTING

MEIN KLEINES TIER-BUCH

SÄUGETIERE • LURCHE • KRIECHTIERE

Verlag Friedrich Oetinger · Hamburg

Lies zuerst diese Seite

In diesem Buch kannst du eine Menge über Tiere erfahren, die bei uns wild leben, und du kannst lernen, woran man sie erkennt. Auf den Bildern im Buch sehen alle Tiere ungefähr gleich groß aus, aber im Text steht, wie groß sie in Wirklichkeit sind. Bei einigen Säugetieren sind die Männchen größer als die Weibchen, während bei den Lurchen und Kriechtieren oft die Weibchen größer sind. Wenn nichts anderes dasteht, sehen Weibchen und Männchen ungefähr gleich aus.

Manche Tiere haben sich an die Menschen gewöhnt und sind deshalb ziemlich leicht zu sehen und zu erkennen. Aber die meisten wild lebenden Tiere sind scheu. Weil sie einen guten Geruchssinn haben und auch gut sehen und hören, haben sie sich oft schon versteckt, bevor wir sie überhaupt entdeckt haben.

Schwierig ist beim Beobachten von manchen Tieren auch, daß sie Nachttiere sind und sich am Tag überhaupt nicht zeigen. Tagtiere bekommt man schon eher zu sehen, und die beste Zeit ist der frühe Morgen oder die Abenddämmerung. Man darf keine Schlafmütze sein, wenn man Tiere beobachten will ...

Dank an
Per-Göran Bentz vom
Naturmuseum, Malmö,
der den Text auf sachliche
Richtigkeit überprüft hat.

INHALT

Mit oder ohne Wirbelsäule?

Eine Million dreihunderttausend! So viele verschiedene Tierarten gibt es auf der Erde: von der kleinen Laus bis zum großen Elefanten. Wilde Elefanten gibt es bei uns natürlich nicht, aber viele andere Tiere. Und dieses Buch handelt von den Säugetieren, Lurchen und Kriechtieren, die bei uns in Europa leben.

Tiere gibt es fast überall. Auf dem Land und im Wasser. Vögel, Insekten und Fledermäuse können sogar fliegen. In vielen Millionen Jahren haben die Tiere auf der Erde gelernt, sich an verschiedene Klima- und Lebensbedingungen anzupassen. Von der heißen Wüste bis zu den kalten Polargegenden mit Eis und Schnee.

Nicht einmal die Tierexperten können die Tiere alle auseinanderhalten, ohne sie in Gruppen einzuteilen. Zunächst teilt man die Tiere in zwei große Gruppen ein: *wirbellose Tiere* und *Wirbeltiere*. Jede Gruppe ist wiederum in verschiedene kleinere Gruppen unterteilt.

Wirbellose Tiere haben entweder gar kein Skelett oder statt des Skeletts eine harte, schützende Schale außen am Körper.

Wirbeltiere haben ein Skelett mit einer Wirbelsäule (man sagt auch Rückgrat dazu) im Körper.

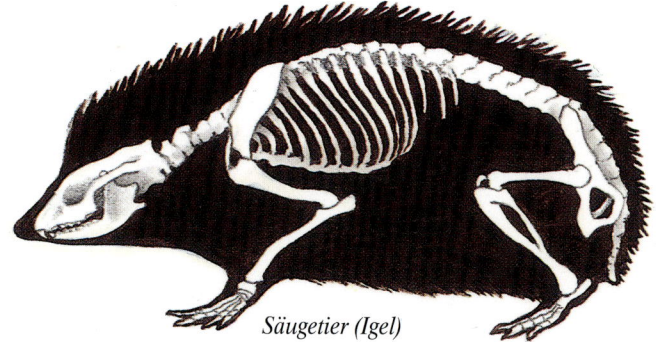

Säugetiere, Lurche und Kriechtiere sind alle Wirbeltiere und haben ein Skelett im Körper.

Säugetier (Igel)

Kriechtier (Schlange)

Lurch (Kröte)

6

BEISPIELE FÜR WIRBELLOSE TIERE:

SCHWÄMME
Der Badeschwamm ist in Wirklichkeit ein Tier!

NESSELTIERE
Die Qualle gehört zu den Nesseltieren.

WEICHTIERE
Muscheln und Schnecken sind Weichtiere.

GLIEDERFÜSSLER
Die größte Tiergruppe mit allen Insekten, Krebstieren und Spinnen.

WÜRMER
Der Regenwurm und der Blutegel sind Würmer.

BEISPIELE FÜR WIRBELTIERE:

FISCHE

LURCHE

KRIECHTIERE

VÖGEL

SÄUGETIERE

Auch der Mensch ist ein Säugetier.

7

Was ist ein Säugetier?

Säugetiere unterscheiden sich von allen anderen Tieren dadurch, daß die Weibchen ihre Jungen säugen, das heißt, die Jungen trinken Milch aus den Zitzen der Mutter. Auch du hast Muttermilch getrunken, als du klein warst, denn wir Menschen sind auch Säugetiere.

Säugetiere bringen lebende Junge zur Welt. Es ist unterschiedlich, wieviel Hilfe die Jungen am Anfang von den Eltern brauchen. Ein neugeborenes Rehkitz kann schon nach ein paar Stunden gehen und laufen. Eine kleine Waldmaus dagegen ist blind und hilflos, wenn sie geboren wird. Erst nach einigen Wochen kommt sie ohne die Hilfe der Eltern zurecht.

KENNZEICHEN DER SÄUGETIERE:

Warmblütig

Der Körper ist behaart.

Die Jungen werden gesäugt.

Sie bringen lebende Junge zur Welt!

WALDMAUS MIT JUNGEN

Und noch etwas ist typisch für Säugetiere: Ihr Körper ist mehr oder weniger mit Haaren bedeckt. Die meisten Säugetiere haben ein dichtes Fell, das gegen Regen und Kälte schützt. Aber es gibt auch Säugetiere, die keine Haare haben.

Die Wale zum Beispiel haben unter der Haut eine dicke Fettschicht als Schutz gegen das kalte Wasser. Wir Menschen haben auch Haare auf dem Körper. Aber so wenige und dünne, daß man sie kaum sieht. Außer auf dem Kopf natürlich!

VERTEIDIGUNG

Der Igel hat Haare, die zu harten, spitzen Stacheln umgebildet sind. Wenn er sich bedroht fühlt, rollt er sich zu einem harten, stacheligen Ball zusammen.

SCHUTZFARBE 1

Die Haare des Luchses sind unterschiedlich gefärbt. Zusammen bilden sie ein Fleckenmuster auf dem Fell. Ein geflecktes Fell ist in den unterschiedlichen Schattierungen und Mustern des Waldes nicht so leicht zu erkennen.

SCHUTZFARBE 2

Im Herbst verliert der Schneehase sein braunes Sommerfell. Gleichzeitig wachsen ihm neue, weiße Haare. Wenn es Winter wird, ist er so weiß wie Schnee und nur schwer zu entdecken. Im Frühjahr bekommt er wieder sein Sommerfell.

GEGEN KÄLTE UND HITZE

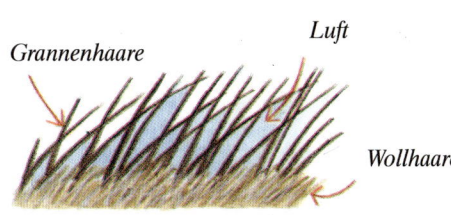

Grannenhaare Luft

Wollhaare

*Das Fell der meisten Säugetiere besteht aus zwei Sorten von Haaren. Eine dichte Schicht von kurzen, weichen **Wollhaaren** und darüber längere und weniger dicht wachsende **Grannenhaare**. Zwischen den einzelnen Haaren entsteht eine Luftschicht, die das Tier gegen Regen, Kälte und Hitze schützt.*

9

Bist du schon einmal krank gewesen und hast Fieber gehabt? Dann weißt du, was für ein Gefühl es ist, eine zu hohe Körpertemperatur zu haben. Deine normale Körpertemperatur beträgt 37 Grad — egal, ob es draußen 20 Grad kalt oder warm ist, dein Körper hat immer die gleiche Temperatur. Das nennt man *warmblütig*. Alle Säugetiere sind warmblütig und haben eine Körpertemperatur von ungefähr 37 Grad.

Aber es gibt auch einige Ausnahmen: den Igel und die Fledermaus zum Beispiel. Im Herbst, wenn es kalt wird und schwierig ist, Futter zu finden, suchen sie sich einen geschützten Platz zum Schlafen. Sie halten *Winterschlaf* und wachen erst wieder auf, wenn es Frühling wird. Um während des Winterschlafs so wenig Energie wie möglich zu verbrauchen, senken sie ihre Körpertemperatur um 20 bis 30 Grad! Und das Herz schlägt nur ein paar Mal in der Minute. Ein Igelherz schlägt im Sommer zweihundertmal in der Minute, im Winter dagegen nur vier- bis fünfmal.

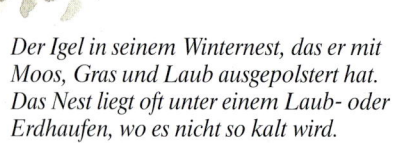

Der Igel in seinem Winternest, das er mit Moos, Gras und Laub ausgepolstert hat. Das Nest liegt oft unter einem Laub- oder Erdhaufen, wo es nicht so kalt wird.

Speicher, hohle Bäume und Höhlen sind gute Schlafstellen für Fledermäuse — sowohl während des Winterschlafs als auch zum Schlafen im Sommer.

Da die Säugetiere unterschiedliche Freßgewohnheiten haben, sehen auch ihre Zähne unterschiedlich aus. Pflanzenfressende Tiere haben kräftige, flache Backenzähne, die harte Pflanzenteile zermahlen können. Fleischfressende Tiere haben scharfe Backenzähne, mit denen sie das Fleisch in kleine Stücke zerlegen können. Man teilt die Tiere unter anderem danach in Gruppen ein, wie ihr Skelett und ihre Zähne aussehen. Drei große Säugetiergruppen sind *Raubtiere, Insektenfresser* und *Nager.*

BEISPIELE FÜR TIERSCHÄDEL:

Raubtiere. *Die meisten Raubtiere jagen und fressen andere Tiere (**Beute** oder **Beutetiere**) und sind also Fleischfresser. Die Eckzähne sind groß und spitz. Viele Fleischfresser fressen auch Pilze, Beeren, Abfälle und Aas (Reste von toten Tieren). Beispiele für Raubtiere sind Fuchs, Dachs, Bär, Marder und Seehund.*

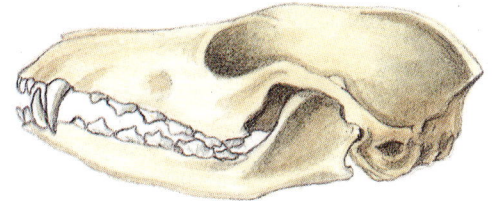

Fuchs

Insektenfresser. *Insektenfresser fressen Insekten und andere Kleintiere, und ihre Zähne ähneln denen der Raubtiere. Igel, Maulwurf und Spitzmaus sind Insektenfresser. Die Fledermaus ist auch ein Insektenfresser, aber weil sie fliegen kann, gehört sie zur Gruppe der **Fledertiere**.*

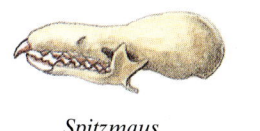

Spitzmaus

Fledermaus

Nager. *Nager sind Pflanzenfresser und haben große Vorderzähne — zwei im Oberkiefer und zwei im Unterkiefer. Zwischen den Vorderzähnen und den Backenzähnen ist eine "Lücke". Maus, Wühlmaus und Eichhörnchen sind Nager. Hasen auch, aber weil sie zwei extra Vorderzähne im Oberkiefer haben, gehören sie zu einer eigenen Gruppe: den **Hasentieren**.*

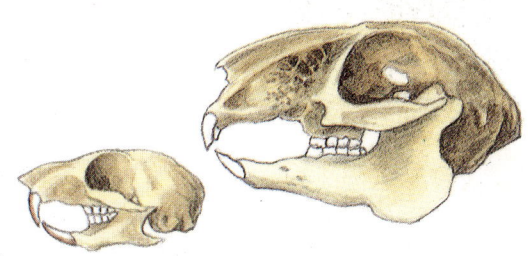

Eichhörnchen   *Hase*   11

Was ist ein Lurch?

Zu den Lurchen gehören unter anderem *Kröten* und *Frösche* und *Molche*. Ein anderes Wort für Lurche ist *Amphibien*. Das bedeutet, daß sie sowohl im Wasser als auch an Land leben.

Im Unterschied zu den Säugetieren, die lebende Junge gebären, legen die Lurche Eier. Nach der Paarung werden die Eier ins Wasser gelegt, und wenn die Jungen ausschlüpfen, sehen sie eher wie kleine Fische aus. Die Eltern kümmern sich nicht um ihre Jungen. Sie müssen alleine zurechtkommen und vom ersten Moment an selbst für ihr Futter sorgen. Man nennt die Lurchkinder Kaulquappen oder Larven.

Die Kaulquappen oder Froschlarven leben noch eine Zeitlang im Wasser und atmen genau wie die Fische mit Kiemen. Allmählich wachsen ihnen Beine, und sie sehen immer mehr so aus wie ihre Eltern. Nach einigen Monaten sind sie zu "richtigen" Kröten und Fröschen herangewachsen und können nun auch an Land. Die Kiemen sind verschwunden und durch Lungen ersetzt worden, damit sie an der Luft atmen können. Jetzt sehen die Lurche genauso aus wie ihre Eltern, nur eben viel kleiner. Es dauert einige Jahre, bis sie ganz ausgewachsen sind.

WER HAT DIE EIER GELEGT?

Grasfrosch. Die Eier liegen in einem Klumpen an der Wasseroberfläche.

Molch. Legt einzelne Eier, die er an der Unterseite einer Wasserpflanze befestigt.

Moorfrosch. Seine Eier liegen in Klumpen auf dem Grund.

Kröte. Legt lange Gallertschnüre mit Eiern.

Lurche können ihre Körpertemperatur nicht wie die Säugetiere gleichmäßig halten. Sie haben immer die gleiche Temperatur wie das Wasser oder die Luft um sie herum. Wenn es zu kalt ist, werden sie träge und unbeweglich, aber wenn es wärmer wird, werden sie wieder munter. Allerdings darf es auch nicht *zu* warm sein. Sonst müssen sie sich im Schatten oder im Wasser abkühlen, damit sie keinen Hitzschlag bekommen und sterben. Lurche nennt man *wechselwarme* Tiere.

Weil sie von der Temperatur in ihrer Umgebung abhängig sind, müßten sie im Winter erfrieren, wenn sie nicht an einem frostfreien Ort Winterschlaf halten würden. Die meisten Lurche halten ihren Winterschlaf in einer Höhle tief in der Erde, wo es nicht mehr friert. Aber es gibt auch welche, die unter Wasser schlafen können! Halten sie wohl die ganze Zeit die Luft an? Nein. Lurche können etwas, was Säugetiere und Kriechtiere nicht können: durch die Haut atmen! So können sie genügend Sauerstoff aus dem Wasser aufnehmen.

VOM EI ZUM FERTIGEN FROSCH

1 Jedes Ei ist von einer schleimigen Hülle aus Gallert umgeben.

2 Die Kaulquappe hat einen Schwanz und atmet mit Kiemen.

3 Allmählich wachsen Beine.

4 Der Schwanz verschwindet, und jetzt sieht man, daß es ein Frosch wird.

5 Der Frosch ist fertig und krabbelt an Land ...

13

Was ist ein Kriechtier?

Schlangen, Eidechsen, Schildkröten und Krokodile gehören zu den Kriechtieren oder *Reptilien*, wie sie auch genannt werden. Kriechtiere gibt es schon seit mehreren Millionen von Jahren auf der Erde. Die größten Kriechtiere, die Krokodile, können sechs Meter lang werden und über 500 Kilogramm wiegen. Aber sie sind wie Zwerge, wenn man sie mit den großen Kriechtieren vergleicht, die vor 150 Millionen Jahren gelebt haben. Die Riesendinosaurier zum Beispiel, die 12 Meter groß waren und 80 Tonnen wogen!

Einige Kriechtiere bringen lebende Junge zur Welt, andere legen Eier. Kriechtiere kümmern sich nicht um ihre Jungen. Bei ihrer Geburt sind sie schon voll entwickelt (nur klein!) und müssen vom ersten Augenblick an alleine zurechtkommen.

Genau wie die Lurche sind die Kriechtiere wechselwarm und fühlen sich am wohlsten, wenn es angenehm warm ist. Deshalb gibt es in Ländern mit tropischem Klima viele Kriechtiere (und Lurche). Dort gibt es genug zu

Riesendinosaurier

Krokodil

fressen, und es ist das ganze Jahr über Tag und Nacht warm. Hier bei uns sind die Nächte kühl, und im Winter kann es sehr kalt werden. Deshalb kann man unsere Kriechtiere tagsüber sehen, wenn die Sonne Erde und Luft erwärmt hat. Nachts ist es kühler, dann ruhen sie sich aus.

Im Winter ziehen sie sich zum Winterschlaf zurück. (In warmen, südlichen Ländern halten Kriechtiere und Lurche keinen Winterschlaf.) Sie überwintern an einem sicheren, frostfreien Platz. Das kann ein Loch in der Erde oder unter einem Stein sein oder irgendwo anders, wo es nicht so kalt wird.

Zauneidechse

Ringelnatter

Ringelnatter, Zauneidechse und Maueridechse legen Eier, ebenso die Sumpfschildkröte (einzige Schildkrötenart bei uns).

DIE GIFTZÄHNE DER KREUZOTTER

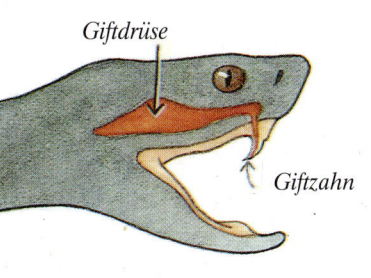

Giftdrüse

Giftzahn

Die Kreuzotter tötet ihre Beute mit Hilfe ihrer Giftzähne. Das Gift ist in zwei Behältern — den Giftdrüsen —, die oberhalb des Gaumens im Kopf der Schlange liegen. Von jeder Giftdrüse führt ein Kanal zu den beiden Giftzähnen. Das Gift wird durch ein Loch in den hohlen, spitzen Zähnen gespritzt. Mehr über die Kreuzotter auf Seite 50.

Spuren im Schnee — Abgenagte Tannenzapfen

Früher mußten die Menschen wilde Tiere jagen, wenn sie Fleisch essen wollten. Da war es wichtig, die Spuren der verschiedenen Tiere zu kennen. Der Abdruck einer Pfote oder die Nagespur an einem Zweig half den Jägern zu bestimmen, welches Tier in der Nähe war. Heute, wo wir das Fleisch im Laden kaufen, ist es nicht mehr so wichtig, die Spuren der Tiere zu erkennen. Aber es ist spannend und macht Spaß, wenn man versucht herauszubekommen, welches Tier seine Spur hinterlassen hat.

Der Winter ist eine gute Jahreszeit zum Spurenlesen. Die Tiere hinterlassen Abdrücke im Schnee. Aber nicht nur Abdrücke von Pfoten und Hufen sind solche Spuren. Auch die Reste einer Mahlzeit können verraten, welches Tier da gewesen ist. Tannenzapfen sind dafür ein gutes Beispiel. Viele Tiere fressen die Samen in den Zapfen, aber sie fressen ganz unterschiedlich: die Maus nagt alle Zapfenschuppen ab und hinterläßt einen ordentlichen "Mittelstecken". Das Eichhörnchen ist ein bißchen unordentlicher und läßt einige Zapfenschuppen dran. Wenn der Specht die Zapfensamen fressen will, dann hackt er und rupft, um an die Samen heranzukommen und läßt die Schuppen übrig.

Manchmal findet man auch die Reste eines Vogels, den ein Raubtier geschlagen hat. Wenn die Federn unten abgebissen sind, ist es bestimmt der Fuchs gewesen. Wenn ein Raubvogel den Vogel gefressen hat, sind die Federn herausgerissen und unten noch ganz. Das kann man am besten an großen Schwanz- oder Schwingfedern beobachten.

SCHWANZFEDER EINES
GESCHLAGENEN VOGELS

Wenn ein Raubvogel gefressen hat, sieht sie so aus: Raubvögel rupfen die Federn aus, und sie bleiben am Ende ganz.

Hat der Fuchs den Vogel gefressen, sieht die Feder so aus: Der Fuchs beißt die Feder mit seinen scharfen Zähnen ab.

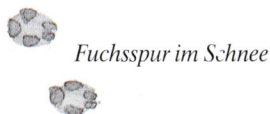

Fuchsspur im Schnee

Andere Spuren, die Tiere hinterlassen, sind ihr Kot, den man bei wildlebenden Tieren Losung nennt. Die Losungen sehen ganz verschieden aus, je nachdem, was die Tiere fressen. Die Losung eines pflanzenfressenden Tieres findet man meistens als kleine Häufchen von ungefähr gleich großen Kugeln oder "Rollen". Raubtiere, die Fleisch fressen, hinterlassen ganz anders aussehende Losungen: meist eine längliche Wurst, die an einem Ende spitz ausläuft.

Ganz vorne im Buch findest du noch mehr Tierspuren.

TIERKOT

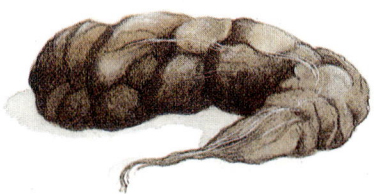

Fuchslosung: Der Fuchs läßt seinen Kot oft deutlich sichtbar auf einem Stein oder einem Baumstumpf.

Frische Rehlosung: Wenn sie trocknet, fallen die "Kugeln" auseinander.

Hasenlosung besteht aus pflanzlichen Resten in Form von Kugeln. Die Losung des Kaninchens sieht genauso aus, nur kleiner.

ABGENAGTE TANNENZAPFEN

So sieht ein Tannenzapfen aus, wenn eine Maus ihn abgenagt hat.

Hier hat das Eichhörnchen gefuttert …

… und hier der Specht.

17

Tiere in unserer Umgebung

Draußen in der Natur gibt es viele Tiere, aber dennoch bekommt man sie ziemlich selten zu Gesicht. Einige Tiere, zum Beispiel Igel, Hasen, Rehe und Eichhörnchen, haben sich an uns Menschen gewöhnt und zeigen sich in Gärten und Parks. Aber die meisten wildlebenden Tiere sind scheu und haben große Angst vor den Menschen. Viele Tiere haben einen guten Geruchssinn. Außerdem hören sie unglaublich gut. Wenn wir draußen in der Natur sind, haben die Tiere uns oft schon längst bemerkt, bevor wir sie entdecken. Siehst du ein Tier und willst näher heran, dann mußt du ganz leise und vorsichtig sein. Versuche *gegen* den Wind zu gehen, damit das Tier dich nicht riechen kann. Ein Fernglas ist praktisch, denn damit mußt du nicht so nahe herangehen und störst die Tiere nicht. Wenn du ihnen näher kommen willst, dann mach es wie die Tiere selbst: Halte Augen und Ohren offen, und bewege dich vorsichtig!

Und wenn du in der Natur ein Jungtier findest, dann *laß es in Ruhe und faß es nicht an!* Wie hilflos und verlassen es auch aussehen mag, die Eltern sind immer in der Nähe, auch wenn du sie nicht siehst. Tiere mögen Menschengeruch nicht, und die Eltern können ein Junges sogar verlassen, wenn es nach Mensch riecht.

SÄUGETIERE

Anzahl Arten in Deutschland:	87
Anzahl Arten auf der Erde:	ca. 4 250
Das größte in Deutschland:	Großer Tümmler, bis 3,30 m lang, über 300 Kilogramm Landsäuger: Rothirsch, bis 200 Kilogramm
Das größte der Erde:	Blauwal, 150 Tonnen schwer (150 000 Kilogramm)
Das kleinste in Deutschland:	Zwergspitzmaus, knapp 6 cm lang (ohne Schwanz), 4 Gramm
Das kleinste der Erde:	Etruskerspitzmaus, 1,5–2,5 Gramm

IGEL

Es raschelt, wenn der Igel auf der Suche nach etwas Eßbarem durchs Unterholz geschlurft kommt. Der Igel sieht ziemlich schlecht. Aber mit seiner empfindlichen Nase erschnüffelt er seine Beute, die er laut schmatzend verzehrt. Insekten, Schnecken und Würmer frißt er am liebsten.

Der Igel lebt an Äckern und Wiesen und im Wald. Um sich wohl zu fühlen, braucht er dichtes Gestrüpp und Gebüsch. Ein Igel, der in einem Garten wohnt, kann sich an Menschen gewöhnen und wird fast zahm.

Der Igel ist ein Nachttier, der abends hervorkommt, um nach Futter zu suchen. Tagsüber schläft er unter einem Busch, wo er sich ein Nest aus Gras und Blättern gebaut hat. Im Frühsommer bringt das Weibchen seine Jungen im Nest zur Welt. Wenn sie geboren werden, sind sie blind und hilflos, und ihre Stacheln sind weich. Im Herbst frißt der Igel sich richtig fett und rollt sich dann zusammen, um Winterschlaf zu halten. Mehr über den Winterschlaf des Igels auf Seite 10.

Der Igel schützt sich gegen Feinde, indem er sich zu einem stacheligen Ball zusammenrollt.

Neugeborene Igeljunge

SPITZMAUS

Waldspitzmaus (natürliche Größe)

Man muß schon ein bißchen Glück haben, wenn man eine Spitzmaus sehen will. Sie ist klein und schwer zu entdekken, wenn sie auf der Jagd nach Insekten und anderem Kleingetier umherflitzt. Die Spitzmaus frißt beinahe ständig. Sie hat einen enormen Appetit und ist Tag und Nacht auf der Jagd. Sie hat kaum Zeit zum Schlafen. Eine Spitzmaus kann an einem Tag fast so viel fressen, wie sie selbst wiegt!

Eigentlich ist die Spitzmaus keine richtige Maus. Sie gehört zu den *Insektenfressern*. Die *Waldspitzmaus* ist die häufigste der bei uns vorkommenden Spitzmausarten. Die *Zwergspitzmaus* ist das kleinste bei uns vorkommende Säugetier. Sie ist knapp 6 cm lang und wiegt vier Gramm! Und das kleinste Säugetier überhaupt ist die *Etruskerspitzmaus*, die nur 1,5 bis 2 Gramm wiegt.

Die Waldspitzmaus baut ein Nest aus Moos, Gras und anderen Pflanzenteilen. Dort wirft das Weibchen im Mai/ Juni seine Jungen. Ein Spitzmausjunges ist bei der Geburt nicht viel größer als eine Erbse, und es ist blind und "nackt", das heißt, es hat noch kein Fell. Nach einem Monat können die Jungen das Nest verlassen und sich selbst versorgen.

So klein ist das kleinste Säugetier, das bei uns vorkommt — die Zwergspitzmaus.

Die Etruskerspitzmaus ist das kleinste Säugetier der Welt (natürliche Größe).

MAULWURF

Der Maulwurf lebt in der Erde und zeigt sich nur selten unter freiem Himmel. Er hat kräftige Vorderfüße, mit denen er Gänge gräbt, die kreuz und quer und über mehrere Stockwerke gehen. In dieser unterirdischen "Tunnelwelt" liegt auch seine Wohnhöhle, die mit Gras und Blättern ausgepolstert ist.

Maulwürfe gehen in regelmäßigen Abständen ihre Gänge ab und verspeisen alles Kleingetier, das sich dorthin verirrt hat, zum Beispiel Regenwürmer, Insekten und Schnecken. Wenn es reichlich Regenwürmer gibt, hebt der Maulwurf sie in einem "Vorratsschrank" auf, den er sich gegraben hat. Damit die Regenwürmer nicht ausreißen, beißt er ihnen den Kopf ab. Daran sterben sie allerdings nicht, und so hat der Maulwurf einen Vorrat an lebendigen Würmern.

Einmal im Jahr wirft das Weibchen 2 bis 7 nackte und blinde Junge. Der Name des Maulwurfs stammt von dem altdeutschen Wort "molte", was Erde bedeutet.

Den Maulwurf gibt es bei uns überall, und manchmal kann man die "Maulwurfhügel" sehen. Das sind die Erdhaufen, die er beim Graben an die Oberfläche schaufelt.

Maulwurfgänge im Querschnitt

Maulwurfhügel

FLEDERMAUS

Nordische Fledermaus

Die Fledermaus ist das einzige Säugetier, das fliegen kann. Man findet sie in ganz unterschiedlicher Umgebung — im Wald, in offener Landschaft, in Städten und Dörfern.

In Deutschland gibt es 19 Arten von Fledermäusen, wovon 16 vom Aussterben bedroht bzw. gefährdet sind.

In der Dämmerung geht die Fledermaus auf Jagd nach fliegenden Insekten, die sie mit Hilfe ihres "Radars" in der Luft fängt. Das funktioniert so, daß sie im Flug kurze Töne aussendet, die so hoch sind, daß wir Menschen sie nicht hören können. Wenn diese Töne auf einen Gegenstand treffen, werden sie wie ein Echo zu den Ohren der Fledermaus zurückgeworfen. Sie hört dann, ob es ein Insekt ist, wie groß es ist und wie weit entfernt.

Wenn die Weibchen im Sommer ihre Jungen bekommen, leben sie oft in großen Kolonien, sogenannten "Wochenstuben" zusammen.

Fledermäuse schlafen tagsüber. Dann hängen sie mit dem Kopf nach unten, oft viele zusammen, um die Wärme zu halten. Im Herbst beginnen sie ihren Winterschlaf, genau wie die Igel. Siehe Seite 10.

Das Braune Langohr sieht mit seinen riesengroßen Ohren lustig aus.

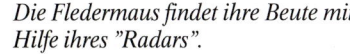

Die Fledermaus findet ihre Beute mit Hilfe ihres "Radars".

23

HASE

Der Hase hat so lange Hinterbeine, daß er springen muß, wenn er sich fortbewegen will. Wenn er Angst bekommt oder gejagt wird, flieht er in rasendem Tempo und schlägt auch "Haken". Dazu sind lange Beine praktisch.

Hasen ernähren sich von Gras und anderen Pflanzen.

Es gibt bei uns drei Arten von Hasen. Weit verbreitet ist der *Feldhase*, den man recht oft auch in Städten und in der Nähe von Siedlungen sieht. Er knabbert gerne an Blumen und Gemüse in unseren Gärten. Das Fell des Feldhasen ist bräunlich, der Schwanz ist auf der Oberseite schwarz.

Feldhase

In Nordeuropa und bei uns auch in den Alpen gibt es den *Schneehasen*, der im Winter ein weißes Fell hat, damit man ihn nicht so leicht erkennt. Im Sommer ist sein Fell graubraun, sein Schwanz ist weiß, und die Ohrenspitzen bleiben das ganze Jahr über schwarz.

Außerdem gibt es noch das *Wildkaninchen*, unser kleinstes Hasentier. Auch bei ihm sind die Hinterbeine länger als die Vorderbeine, jedoch nicht so ausgeprägt wie beim Hasen. Es lebt in Kolonien aus mehreren Großfamilien. Die Weibchen werfen 1 bis 6 mal im Jahr bis zu 9 Junge, die nach einer Woche selbständig werden.

Wildkaninchen

Wenn der Hase läuft, setzt er die Hinterpfoten vor die Vorderpfoten.

EICHHÖRNCHEN

Das Eichhörnchen erkennt man leicht an seinem langen, buschigen Schwanz. Es lebt in Wäldern, Parks und Gärten. Meistens hält es sich hoch oben in den Bäumen auf, wo es auf der Suche nach etwas Eßbarem geschickt von Ast zu Ast springt und klettert.

Am liebsten frißt das Eichhörnchen Tannen- und Kiefernsamen. Aber es mag auch Nüsse, Pflanzenknospen und Pilze. Die Pilze versteckt es in einer Astgabel und hebt sie so für den Winter auf, wenn das Futter knapper wird. Auch anderes Futter wird als Vorrat für den Winter versteckt.

Weil das Eichhörnchen viele der versteckten Samen verliert oder nicht mehr wiederfindet, trägt es zur Verbreitung vieler Waldbäume bei.

Eichhörnchen sind tagsüber aktiv. Nachts schlafen sie in ihrem kreisrunden Nest, das aus Reisig und Blättern gebaut und mit Moos gepolstert ist. Oft bauen sie mehrere Nester: eins für den Sommer, eins für den Winter und eins, in dem das Weibchen die Jungen aufzieht. Sie sind blind, nackt und hilflos, wenn sie geboren werden, aber es dauert nicht lange, bis sie in den Zweigen herumklettern.

Das Eichhörnchen baut sein Nest gern in einer dichten Fichte.

*In Nordosteuropa gibt es einen seltenen Verwandten des Eichhörnchens: das **Flughörnchen**. Es spannt seine Haut zwischen den Vorder- und Hinterbeinen aus und gleitet wie ein Papierflieger durch die Bäume.*

25

FELDMAUS

Die Feldmaus, die zu den *Wühlmäusen* gehört, kann an einem Tag so viel Gras fressen, wie sie selbst wiegt. Auch Samen, Wurzeln und Rinde frißt sie gern.

Es gibt viele Arten von Wühlmäusen, die Feldmaus ist die häufigste. Sie gräbt ein unterirdisches, weit verzweigtes Gangsystem mit vielen Ausgängen. Im Winter baut sie unter dem Schnee Nester aus Gras. Feldmäuse vermehren sich das ganze Jahr und bringen es so auf eine stattliche Anzahl von Nachkommen.

Die Feldmaus lebt sehr gefährlich. Sie muß immer vor Raubtieren auf der Hut sein. Füchse und Raubvögel fressen gern Feldmäuse!

In Nordeuropa gibt es einen Verwandten der Feldmaus, den *Lemming*. Ungefähr alle vier Jahre vermehren sich die Lemminge um einige Millionen! Dann begeben sie sich auf lange Wanderungen, sogenannte Lemmingzüge. Die meisten Lemminge sterben auf der Wanderung oder werden von Raubtieren gefressen (die sich in solchen Lemming-Jahren auch stark vermehren).

Wühlmäuse und Mäuse nennt man auch *Kleinnager*.

Berglemming. Lemminge gehören zu den Wühlmäusen.

WÜHLMAUS ODER MAUS? Man kann eine Wühlmaus von einer Maus daran unterscheiden, daß die Ohren der Wühlmaus kleiner sind, der Schwanz kürzer und die Schnauze nicht so spitz ist.

WALDMAUS

Die Waldmaus lebt an Waldrändern, in Parks und Gebüschen, aber trotz ihres Namens nicht im tiefen Wald. Sie ist meist nachts aktiv. Sie kann schnell laufen und gut klettern und springen. Am liebsten frißt die Waldmaus Samen, Nüsse und andere Pflanzenteile. Eine nahe Verwandte, die Gelbhalsmaus, ist sehr leicht mit der Waldmaus zu verwechseln. Sie haben auch eine sehr ähnliche Lebensweise.

Außer den verschiedenen Arten von Mäusen (es gibt 5 Arten in Deutschland) gibt es bei uns auch zwei Arten von Ratten, nämlich die *Wanderratte* und die *Hausratte*. Die Wanderratte ist graubraun bis schwarz und größer als die schwarzgraue Hausratte. Ratten sind insgesamt sehr viel größer als Mäuse. Eine Waldmaus ist etwa 10 cm lang (ohne Schwanz) und wiegt 20 bis 30 Gramm, während eine Ratte dreimal so groß ist und ein halbes Kilogramm schwer werden kann!

Eine Maus, die dem Menschen lästig werden kann, ist die *Hausmaus*, denn sie lebt vorwiegend in unseren Häusern. Sie nagt Wände und Möbel an und frißt unsere Lebensmittel. Aber niedlich ist sie auch!

Mauslosung

Hausmaus

Wanderratte

BIBER

Wenn ein Biber durchs Wasser gleitet, sieht man nur einen Teil des Kopfes. Und manchmal sieht man ihn überhaupt nicht, weil der Biber auch sehr gut unter Wasser schwimmen kann! An den Hinterfüßen hat er Schwimmhäute zwischen den Zehen, damit er beim Schwimmen schneller vorankommt. Den flachen Schwanz verwendet er als "Steuerruder". Der Biber lebt an Seen und fließenden Gewässern. In Mitteleuropa ist er selten geworden, aber es werden Versuche unternommen, ihn wieder einzubürgern.

Der Schädel des Bibers (verkleinert). Die großen Nagezähne sind mit rotem Email überzogen.

Mit Hilfe seiner kräftigen Zähne kann der Biber ganze Bäume abnagen und fällen. Er frißt die Rinde, die Zweige und das Laub. Die größeren Äste und den Stamm verwendet er als Material für seinen Bau, den man Burg nennt. Die große Biberburg, die bis zu zwei Meter hoch sein kann, ist wie eine "Wohnung" angelegt, mit Eß- und Schlafzimmern. Hier bringt das Biberweibchen im Frühsommer seine Jungen zur Welt. Die Jungen bleiben bei den Eltern, bis sie zwei Jahre alt sind.

Der Biber ist Europas größtes Nagetier. Er kann bis zu einem Meter lang werden (mit Schwanz noch ungefähr 30 bis 40 cm länger) und über 30 kg wiegen.

Die Biberburg im Querschnitt. Damit niemand Unbefugtes in die Burg gelangen kann, liegt der Eingang unter Wasser.

LUCHS

Der Luchs ist der wilde Verwandte der Hauskatze und lebt sehr zurückgezogen im Wald. In Mitteleuropa wurde er fast ganz ausgerottet. Man findet ihn heute nur noch in Skandinavien, in Spanien und Portugal und auf der Balkanhalbinsel. Der Luchs ist ein Raubtier und frißt unter anderem Hasen, Rehe, Kleinnager und Waldvögel. Er jagt, indem er sich an seine Beute anschleicht. Wenn er nahe genug dran ist, macht er einen schnellen Satz und tötet sie mit seinen scharfen Zähnen.

Luchse jagen abends, tagsüber ruhen sie sich an einer Stelle aus, wo sie die Umgebung überblicken können. Der Luchs lebt meistens alleine, Weibchen und Männchen kommen im Februar/März nur für eine kurze Zeit zusammen, um sich zu paaren.

Das Luchsweibchen bringt im Mai/Juni seine Jungen zur Welt. Es baut keine Höhle, sondern zieht die Jungen in einer Felsspalte oder unter einer dichten Tanne auf. Die Jungen werden 5 bis 6 Monate gesäugt und sind genauso verspielt wie andere Katzenkinder. Nach ungefähr einem Jahr können die Jungen jagen und alleine zurechtkommen.

Die Spur eines Luchses sieht wie eine riesengroße Katzenspur aus.

Der Luchs schleicht sich an seine Beute an.

MARDER

Den Marder erkennt man am gelbweißen Fleck an der Kehle und der Brust. Er klettert und springt sehr gut und ist ungefähr einen halben Meter lang (ohne Schwanz). Marder sind Waldtiere und in ganz Europa verbreitet. Ein naher Verwandter des Baummarders ist der Steinmarder.

Der Marder hat seinen Namen einer ganzen Gruppe von Raubtieren gegeben, den "Marderartigen". Dazu gehören auch das Wiesel, der Otter, der Vielfraß und der Dachs.

Marder gehen nachts auf Jagd, und da müssen Eichhörnchen, Wühlmäuse, Mäuse und Vögel sehr aufpassen, daß sie nicht zu Marderfutter werden! Sogar so große Tiere wie Hasen können von Mardern geschlagen werden. Aber sie fressen auch Insekten, Beeren, Früchte und Pilze.

Der Marder baut seine Höhle in einem hohlen Baum, zum Beispiel einem verlassenen Eichhörnchennest. Manchmal wohnt er auch in einem Erdloch auf dem Boden.

Das Marderweibchen bringt seine Jungen im April/Mai zur Welt. Die Jungen bleiben den ganzen Sommer über bei ihrer Mutter und verlassen sie erst im Herbst. Dann sind sie ebenso geschickte Jäger wie ihre Mutter.

Der Marder klettert sehr gut und jagt oft oben auf den Bäumen.

FISCHOTTER

Der Fischotter lebt an Seen, Flüssen und am Meer, und er scheint sehr gern zu schwimmen. Manchmal dreht er sich und schwimmt auf dem Rücken, und dann — platsch! — taucht er unter. Es scheint ihm auch Spaß zu machen, im Winter schneebedeckte Abhänge auf dem Bauch hinunterzuschlittern. Der Fischotter hat Schwimmhäute zwischen den Zehen, und sein Schwanz hilft ihm beim Beschleunigen im Wasser. Er lebt hauptsächlich von Fisch, aber auch von Fröschen und anderen Kleintieren. Wenn man den Schwanz mitrechnet, kann der Fischotter bis zu 1,5 Meter lang werden und 10 bis 15 Kilo wiegen.

Seinen Bau gräbt er am Ufer, oder er richtet sich in einer fertigen Höhle ein, die er findet. Das Otterweibchen kann das ganze Jahr über Junge bekommen, aber am häufigsten bringt es die Jungen, wie die meisten anderen wilden Tiere, im Frühjahr oder Frühsommer zur Welt.

Der Fischotter war früher weit verbreitet, aber die Einleitung von Chemikalien in die Gewässer hat die Fische vergiftet, von denen der Otter sich ernährt. Deshalb ist er in manchen Gebieten, zum Beispiel in Deutschland, sehr selten geworden und vom Aussterben bedroht.

Im Winter schlittert der Fischotter gern Abhänge hinunter.

WIESEL

Winterkleid

Sommerkleid

Das kleine Wiesel, auch *Hermelin* genannt, gibt es überall, und es ist nicht auf einen bestimmten Typ Landschaft angewiesen. Es ist knapp 30 Zentimeter lang, und man erkennt es am leichtesten an seiner schwarzen Schwanzspitze. Im Winter hat das Wiesel in kalten Gegenden ein ganz weißes Fell, nur die Schwanzspitze bleibt schwarz.

Das Wiesel jagt am Tag, und Mäuse und Wühlmäuse sind seine Lieblingsbeute. Es kann klettern und schwimmen und ist sehr neugierig. Es stellt sich oft auf die Hinterbeine, um Ausschau zu halten. Das Wiesel wohnt in den verschiedensten Hohlräumen, zum Beispiel in Steinhaufen, Erdhöhlen oder unter dem Boden von Scheunen.

Das *Mauswiesel*, der *Iltis* und der *Nerz* sind weitere kleine Mardertiere. Das Mauswiesel ähnelt dem Wiesel, ist jedoch kleiner und hat einen kürzeren Schwanz ohne schwarze Spitze. Der Iltis lebt in Feuchtgebieten, oft in der Nähe von Häusern oder Bauernhöfen. Der Nerz war früher in ganz Europa verbreitet, wurde aber wegen seines Pelzes gejagt und ist deshalb fast ausgerottet. Mittlerweile haben sich Tiere, die aus Nerzfarmen ausgebrochen sind, vermehrt und sind in der Natur wieder anzutreffen.

Mauswiesel

Nerz

Iltis

DACHS

Durch seinen schwarz-weiß gestreiften Kopf und das graue, rauhe Fell kann man den Dachs mit keinem anderen Tier verwechseln. Er fühlt sich in Laub- und Mischwald und in der Nähe bebauter Felder wohl, ist knapp einen Meter lang und wiegt 10 bis 15 Kilo. Der Dachs ist ein Nachttier, das sich von Kleintieren und Pflanzen ernährt.

Sein Bau liegt unter der Erde. Er besteht aus vielen Gängen und Kammern, die *Kessel* heißen, und hat zahlreiche Eingänge. Vor dem Dachsbau ist die ”Toilette” — kleine Gruben für den Kot.

Wenn der Winter sehr kalt ist, bleibt der Dachs in seinem Bau und schläft, bis es wieder warm wird. Aber er hält keinen richtigen Winterschlaf wie der Igel. Wenn es draußen ein bißchen wärmer ist, kann es sein, daß er einen Winterspaziergang macht, um etwas zu fressen zu suchen.

Im Frühjahr bringt das Weibchen seine Jungen im Dachsbau zur Welt. Bis zum Herbst bleiben sie bei der Mutter.

So sieht der Pfotenabdruck — man nennt das auch ”Trittsiegel” — eines Dachses aus.

Der schwarz-weiß gestreifte Kopf ist das beste Kennzeichen des Dachses.

VIELFRASS

Der Name Vielfraß deutet nicht auf einen besonders großen Appetit hin, sondern kommt von dem norwegischen
Wort "fjeldfross", das "Bergkater" bedeutet. Heute nennt
man den Vielfraß meistens *Järv*, wie in Schweden. Der
Vielfraß ist das größte Mardertier Europas und lebt jetzt
nur noch im hohen Norden. Er kann über einen Meter
lang werden und bis zu 25 Kilo wiegen.

Im Sommer frißt der Järv meist Kleintiere, Vögel, Beeren und Früchte. Im Winter sind Rentiere seine wichtigste
Nahrung. Der Järv ist kein schneller Jäger, aber er ist
stark, zäh und ausdauernd. Wenn er ein Rentier getötet
hat, dann paßt er genau auf, daß nichts von dem Fleisch
verlorengeht. Er zerteilt das Ren, versteckt die Fleisch-
stücke und frißt sie später. Der Futtervorrat wird auch
gebraucht, wenn das Weibchen seine Jungen großzieht.

Der Vielfraß wohnt in Löchern unter Felsblöcken oder
ähnlichem. Manchmal wohnt er auch in einer Höhle, die
er in den Schnee gräbt. In diesem Bau bringt das Weibchen die Jungen schon im Februar/März zur Welt, wenn
in Nordeuropa noch eiskalter Winter ist. Aber die Jungen
haben es warm und gemütlich bei ihrer Mutter im Bau, wo
sie bis zum Mai bleiben.

Järvspur

Der Järv überblickt
sein Revier ...

WOLF

Wolf und Fuchs sind die wilden Verwandten des Hundes. Ein männlicher Wolf kann mit Schwanz bis zu zwei Meter lang werden und 80 Kilo wiegen. Wölfe sind Waldtiere und leben unter anderem von Hasen, Kleinnagern, Elchen und Rehen.

Eine Wolfsfamilie lebt und jagt gemeinsam. Manchmal tun sich auch mehrere Familien zusammen und bilden ein größeres Rudel. Ein Wolfsrudel kann auf der Jagd 20 bis 30 km am Tag wandern.

Im Frühjahr bringt die Wölfin ihre Jungen in einer Höhle, die sie gegraben hat, zur Welt. In den ersten Monaten verläßt sie die Jungen (es sind 5 bis 7) fast nie. In dieser Zeit bringt der Rüde (wie beim Hund das männliche Tier heißt) Futter für sie und die Welpen zur Höhle.

Noch in der Mitte des 19. Jahrhunderts war der Wolf allgemein verbreitet, aber er wurde schon immer vom Menschen gehaßt und verfolgt und ist deshalb heutzutage in unseren Wäldern fast ausgerottet. Nur in Nordskandinavien, Osteuropa und in den Gebirgen Südeuropas gibt es noch freilebende Wölfe. Heute werden Versuche unternommen, den Wolf wieder bei uns heimisch zu machen.

Wolfsspuren ähneln denen des Hundes, sind aber viel größer.

Wolfswelpen

FUCHS

Den Fuchs kann man beinahe überall antreffen, sogar in Parkanlagen oder am Stadtrand. Der Fuchs ist ein Hundetier, genau wie der Wolf. Aber im Unterschied zum Wolf ist er viel weiter verbreitet. Ein Fuchs wird knapp einen Meter lang und wiegt 5 bis 10 Kilo.

Füchse jagen nachts. Ihre bevorzugte Beute sind Wühlmäuse, und sie fangen sie auf eine ganz bestimmte Art, die man "Mausen" (unten auf dem Bild ist es zu sehen) nennt. Aber der Fuchs ist ein Allesfresser und nimmt, was er kriegen kann — von Regenwürmern und Insekten bis zu Vögeln und Hasen. Sogar Beeren und Früchte werden nicht verschmäht. Tagsüber schläft der Fuchs in seinem Bau unter der Erde, der auch *Kessel* genannt wird. Er besteht aus mehreren Kammern und Gängen. Manchmal übernimmt der Fuchs auch einen alten Dachsbau. Es kann sogar vorkommen, daß er den Bau mit dem Dachs teilt.

Die Jungen (es sind 3 bis 5) kommen im Frühjahr zur Welt. Die vorwitzigen und verspielten Welpen toben gern vor dem Bau herum.

Der *Polarfuchs* ist kleiner und kommt nur in den Bergregionen Nordeuropas und in der Arktis vor.

Fuchs auf Wühlmausjagd:
1. Der Fuchs erlauscht die Wühlmaus.
2. Wenn er weiß, wo die Wühlmaus ist, springt er hoch.
3. Dann landet er mit den Vorderpfoten direkt auf der Wühlmaus, die dadurch betäubt wird.

Polarfuchs im Winterkleid. Im Sommer ist er braungrau mit weißlicher Unterseite.

1

2

3

BÄR

Mit seinen 300 Kilo und einer Körpergröße von über zwei Metern ist der Bär eines der größten Landraubtiere der Erde. Er fühlt sich in den großen Wäldern Nord- und Osteuropas am wohlsten. Obwohl der Bär so groß und stark ist, frißt er hauptsächlich Beeren, Wurzeln und andere Pflanzenteile. Aber es kommt auch vor, daß er Elche und Rentiere erlegt. Der Bär läuft sehr schnell, wenn er jagt, und er kann seine Beute viele Kilometer weit über Stock und Stein verfolgen. Im Herbst frißt er Unmengen von Beeren, damit er ordentlich dick ist, wenn er sich zur Winterruhe verkriecht. Es ist kein richtiger Winterschlaf, er schläft nur sehr tief, genau wie der Dachs. Bären verbringen ihre Winterruhe in einem warm ausgepolsterten Lager. Das kann eine Höhle oder auch ein Erdloch sein.

Im Dezember/Januar bringt das Weibchen 1 bis 3 Junge im Winterlager zur Welt. Sie sind bei der Geburt nackt und blind und nicht viel größer als Ratten. Die Jungen werden den ganzen Winter über in der Höhle gesäugt. Erst wenn im April die Frühlingssonne wärmt, kriechen sie zusammen mit der Mutter ins Freie. Dann sind sie bereits zu verspielten "Teddys" herangewachsen.

Blaubeeren sind die Lieblingsspeise des Bären.

Bären können gut auf Bäume klettern.

Bärenspur

REH

Weibchen (Ricke)   Männchen (Bock)

Geweih des
Rehbocks

Rehe sind in ganz Europa verbreitet. Sie leben allein oder im Winter auch in kleineren Rudeln, und man kann sie sowohl im Wald als auch in offener Landschaft antreffen. Das Reh ist das kleinste Tier aus der Familie der Hirsche — knapp einen Meter lang und etwa 25 Kilo schwer —, und wie alle Hirschartigen, zu denen auch Elch und Ren gehören, ist das Reh ein Pflanzenfresser. Es äst in der Morgen- und Abenddämmerung auf Wiesen und Äckern.

Das Weibchen heißt Geiß oder Ricke und das Männchen Bock. Im Herbst wirft der Bock sein Geweih ab, das heißt: er verliert es. Aber bis zum Frühjahr ist wieder ein neues gewachsen. Die Ricke hat kein Geweih. Im Sommer ist das Fell des Rehs rotbraun, im Winter graubraun.

Das Reh baut kein Nest, sondern schläft, wo es sich gerade ergibt. Auch die Jungen werden "im Freien" geboren. Sie werden *Kitz* genannt und kommen im Frühsommer, Mai/Juni, zur Welt. Das Kitz wird ein- bis zweimal pro Tag gesäugt und liegt anfangs den größten Teil des Tages allein im Gras. Aber die Eltern wissen, wo das Junge ist und bleiben immer in der Nähe.

Um nicht von Feinden aufgespürt zu werden, liegt das Rehkitz ganz still. Das weißgefleckte Fell schützt es gut im Schattenspiel des Grases.

ROTWILD

UND

DAMWILD

Rothirsch

Damhirsch

*Geweih des
Rothirschs*

Der Rothirsch ist ein großes Tier. Er kann über 2,5 Meter lang werden, und ein Männchen kann 250 Kilo wiegen. Vorzugsweise lebt er im Laub- oder Mischwald, aber auch in großen Parks und auf offenem Ackerland. Er ernährt sich von Gras und anderen Pflanzenteilen wie Baum- und Strauchtrieben. Im Sommer ist das Fell des Rothirschs rotbraun, im Winter graubraun. Das Hirschmännchen wirft sein Geweih jedes Jahr im Winter ab, aber ein neues wächst sofort nach.

Der Damhirsch ist kleiner als der Rothirsch, etwa 1,5 Meter lang, und wiegt knapp 100 Kilo. Er lebt ähnlich wie der Rothirsch, und man trifft ihn auch in derselben Umgebung an. Die Weibchen beider Hirscharten heißen Kühe und die Jungen Kälber.

Das Sommerfell des Damhirschs ist rotbraun mit weißen Flecken. Im Winter ist es einfarbig graubraun. Das Männchen des Damhirschs wirft sein Geweih im Frühjahr ab. Es sieht anders aus als das des Rothirschs, nämlich eher löffel-ähnlich, während das Geweih des Rothirschs mehr gabel-ähnlich ist.

*Geweih des
Damhirschs*

Rotwildkalb   *Damwildkalb*

RENTIER

*Rentier-
kuh*

*Rentier-
bulle*

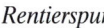

Rentierspur

Rentiere gibt es nur im Norden von Norwegen, Schweden und Finnland. Sie leben in großen Herden zusammen und wandern zwischen den baumlosen Weideflächen der Tundra und den Waldrevieren hin und her. Im Sommer auf den Weiden der Tundra ernähren die Rentiere sich von Gras und Kräutern, im Winter meist von einem Moos, der Rentierflechte, die im Wald wächst.

Das Ren gehört zur Familie der Hirsche, wird knapp zwei Meter lang und wiegt fast 100 Kilo. Die Männchen sind größer als die Weibchen. Im Unterschied zu allen anderen Hirschen tragen bei den Rentieren sowohl die Männchen als auch die Weibchen ein Geweih. Das Männchen (Bulle) wirft das Geweih im Herbst ab, das Weibchen (Kuh) im Frühjahr. Das Geweih des Weibchens ist kleiner als das des Männchens. Die meisten Rentiere in Skandinavien sind zahm, sie sind die Haustiere der Samen, so heißen die Bewohner Lapplands. Die Samen kümmern sich um ihre Tiere, aber eigentlich sind die Rentiere mehr wild als zahm, weil sie die meiste Zeit ihres Lebens frei umherziehen. Wilde Rentiere, von denen die zahmen abstammen, gibt es nur noch an einigen wenigen Stellen in Norwegen und Finnland.

*Rentierflechte ist das bevor-
zugte Futter der Rentiere.*

ELCH

Kalb

Bulle

Kuh

Der Elch ist das größte wildlebende Landsäugetier Europas. Das Männchen (Bulle) ist größer als das Weibchen (Kuh) und kann über eine halbe Tonne (500 Kilo) wiegen! Elche gibt es vor allem in Skandinavien und Nordosteuropa. Sie leben im Wald, in Sümpfen und Kahlschlägen.

Im Sommer frißt der Elch hauptsächlich Blätter und Wasserpflanzen. Im Winter ernährt er sich von Rinde, Zweigen und Trieben. Ganz besonders gern mag er Kieferntriebe und kann deshalb großen Schaden in Kiefernschonungen anrichten, wenn er die jungen Kiefern abfrißt.

Jeden Winter wirft der Elchbulle sein Geweih ab, und bis zum Sommer wächst ihm ein neues. Die Elchkuh trägt kein Geweih. Sie bringt ihre Jungen — oft sind es zwei — im Mai/Juni zur Welt. Die neugeborenen Elchkälber können wie die meisten Huftiere schon nach ein paar Stunden aufstehen. Am Anfang hat das Kalb Mühe, mit seinen langen Beinen zurechtzukommen, die nach allen Seiten wegrutschen. Das Gehen ist also zunächst noch etwas wackelig, aber es wird sehr schnell besser. Schon nach ein paar Tagen kann es rasch laufen und springen.

Elchspur

Wenn man einen Elch von hinten sieht, kann man unterscheiden, ob es eine Kuh oder ein Bulle ist. Bei der Kuh reicht das weiße Fell der Hinterbeine bis zum Schwanz hinauf.

41

ROBBE

Man könnte sagen, daß Robben Raubtiere sind, die im Wasser leben, aber eigentlich gehören sie zu einer eigenen Tiergruppe. Die Robben haben sich an das Leben im Wasser angepaßt: der Körper ist stromlinienförmig, und sie haben Flossen, mit denen sie sehr gut schwimmen können.

An der Nord- und Ostseeküste gibt es die *Kegelrobben*. Sie leben von Fisch. Das Männchen kann 3 Meter lang werden und etwa 300 Kilo wiegen, das Weibchen ist ein bißchen kleiner. *Seehunde* und *Ringelrobben* sind kleiner und leben auch im Wattenmeer der Nordseeküste.

Robben können bis zu 20 Minuten unter Wasser bleiben, ohne zu atmen, und bis zu 100 Meter tief tauchen. Sie sehen auch unter Wasser gut und können ihre Ohren und Nasenlöcher beim Tauchen verschließen.

Mitten im Winter bringen die Weibchen ihre Jungen zur Welt. Die Jungen, die *Heuler* genannt werden, haben in der ersten Zeit ein weißes Fell. Durch die fetthaltige Muttermilch wachsen sie schnell heran und können nach etwa einem Monat schon schwimmen. Dann haben sie bereits ein wasserabweisendes Fell und eine ordentliche Fettschicht unter der Haut, die sie gegen die Kälte schützt.

Seehund

Ringelrobbe

Heuler der Kegelrobbe

LURCHE

Anzahl Arten in Deutschland:	20
Anzahl Arten auf der Erde:	knapp 3 000
Der größte in Deutschland:	Feuersalamander (bis 24 cm lang)
Der größte der Erde:	Chinesischer Feuersalamander (1 Meter lang, 15 Kilogramm)
Der kleinste in Deutschland:	Laubfrosch (knapp 5 cm lang)
Der kleinste der Erde:	ein Frosch auf Kuba (ca. 10 mm lang)

FROSCH

Grasfrosch (von der Schnauze bis zur Schwanzspitze etwa 8 Zentimeter lang)

Der seltene Laubfrosch ist viel kleiner als der Grasfrosch und kann gut klettern.

Im Frühjahr erwachen die Frösche in ihren Erdlöchern, wo sie sich im Herbst verkrochen haben. Den ganzen Winter über haben sie geschlafen und machen sich nun auf zu einem Gewässer, um sich dort zu paaren. Während der Paarungszeit können sich Tausende von Fröschen im selben See versammeln, und man kann das Gequake der Männchen hören. Sie quaken, um Weibchen anzulocken und andere Männchen zu verscheuchen.

Wenn die Eier gelegt sind, verlassen die Frösche das Wasser und leben den Rest des Sommers auf dem Land. Die Eier und die Jungen bleiben sich selbst überlassen. Wenn ein junger Frosch das Wasser verläßt, ist er nur 10 bis 12 mm groß. Er kehrt erst zwei oder drei Jahre später wieder ins Wasser zurück, um sich zu paaren.

Außer dem recht häufigen *Grasfrosch* gibt es bei uns noch den *Moorfrosch*. Sie sehen sich ähnlich und haben auch ungefähr die gleiche Lebensweise. Die meisten Frösche sind bei uns selten geworden, weil der Mensch in die Natur eingegriffen hat und dadurch die Lebensbedingungen für Frösche schlechter geworden sind.

Junger Frosch in natürlicher Größe

Der Moorfrosch ähnelt dem Grasfrosch in Größe und Aussehen.

KRÖTE

Die Erdkröte kann von der Schnauze bis zur Schwanzspitze 15 cm groß werden.

Die Kröte ist größer und plumper als der Frosch, und sie hüpft auch nicht wie er, sondern bewegt sich kriechend vorwärts. Die Haut der Kröte ist warzig, und hinter jedem Ohr hat sie eine Drüse, die Gift enthält. Das Gift hat einen ekligen Geschmack und schützt die Kröte davor, von Raubtieren gefressen zu werden.

Die Kröte und der Frosch haben aber auch Gemeinsamkeiten. Beide fressen Insekten und andere Kleintiere, und beide haben eine lange, klebrige Zunge, mit der sie ihre Beute fangen, zum Beispiel eine Fliege. Blitzschnell! Kröten fressen auch Schnecken und Regenwürmer.

Während des Winters verkriechen die Kröten sich. Das Weibchen ist viel größer als das Männchen, und während des Frühjahrs paaren sie sich im Wasser. Das Weibchen legt die Eier in langen "Schnüren" ab (siehe Seite 12). Wenn die Jungen an Land kriechen, sind sie genauso klein wie die jungen Frösche. Außer der *Erdkröte* gibt es bei uns unter anderem noch die *Kreuzkröte, die Wechselkröte, die Knoblauchkröte*, deren Gift nach Knoblauch riecht, und die *Geburtshelferkröte*, die die Laichschnur bis zum Schlüpfen der Larven mit sich herumträgt. Die Kröten stehen wie alle Amphibien unter Naturschutz.

Junge Kröte. Es dauert 3 bis 4 Jahre, bis sie ganz ausgewachsen ist.

Laichschnur

Kaulquappe. Die Kröte entwickelt sich genauso wie der Frosch. Siehe Bild auf Seite 13.

Kreuzkröte   *Wechselkröte*

45

MOLCH

Kammolch
(Männchen in
Laichtracht)

Teichmolch
(Männchen in
Laichtracht)

Molche halten sich die meiste Zeit an Land auf, wenn auch in der Nähe des Wassers. Sie leben im Verborgenen, an feuchten Stellen und unter Steinen. Aber im Frühjahr wandern sie zum Wasser, um sich zu paaren. Während der Paarungszeit sind die Männchen leuchtend bunt und haben einen Kamm auf dem Rücken. Mit diesem feinen Frühjahrskleid (der Laichtracht) locken die Männchen die Weibchen an. Nach der Paarungszeit verschwinden die kräftigen Farben und der Kamm wieder, und das übrige Jahr sehen Männchen und Weibchen gleich aus.

Molche sind Nachttiere, und sie leben von Kleintieren, die sie mit dem Maul fangen. Sie haben keine klebrige "Fangzunge" wie die Frösche und Kröten.

Molche überwintern in einem Erdloch oder im Schlamm auf dem Grund eines Sees. Bei uns sind hauptsächlich zwei Arten verbreitet: der *Kammolch* (etwa 15 cm lang) und der *Teichmolch* (etwa 10 cm lang). Sie ähneln sich sehr und haben auch eine ähnliche Lebensweise.

Nahe mit den Molchen verwandt ist der *Feuersalamander*, der hübsch aussieht mit seinem schwarz-gelben Rücken. Das Weibchen legt keine Eier, sondern bringt im Frühjahr bis zu 70 Larven lebendig zur Welt.

Die Larve des Molchs sieht lustig aus mit ihren "Kopfbüscheln". Die Büschel sind Kiemen, mit denen sie unter Wasser atmet.

So bunt ist die Unterseite eines Molchs im Frühjahr.

Teichmolch (Weibchen)

Kammolch (Weibchen)

KRIECHTIERE

Anzahl Arten in Deutschland:	13
Anzahl Arten auf der Erde:	knapp 6 600
Das größte in Deutschland:	Äskulapnatter (bis fast 2 Meter lang, vom Aussterben bedroht)
Das größte der Erde:	das Nilkrokodil (mit einer Länge von über 7 Metern)
Das kleinste in Deutschland:	Waldeidechse (bis 18 cm lang)
Das kleinste der Erde:	eine Eidechse in Westindien, die nur 18 mm lang ist

BLINDSCHLEICHE

Männchen

Weibchen

Junges

Die Blindschleiche ist keine Schlange, obwohl sie so aussieht. Und sie ist auch nicht blind, denn der Name kommt ursprünglich von Blendschleiche, wegen der glatten, glänzenden Schuppen, mit denen ihr Körper bedeckt ist. Die Blindschleiche liebt die Sonne und lebt deshalb auf Waldlichtungen, an Wiesenrändern und anderen offenen Stellen. Schnecken sind ihr Lieblingsfutter. Eine ausgewachsene Blindschleiche kann etwa 40 cm lang werden.

Wenn eine Blindschleiche von einem Raubtier angegriffen wird, passiert etwas Merkwürdiges: Sie "verliert" ihren Schwanz! Der verlorene Schwanz bewegt sich, und während das Raubtier sich für das zappelnde Schwanzende interessiert (und es vielleicht auffrißt), kann die Blindschleiche davonkriechen und sich in Sicherheit bringen. Nach ein paar Wochen ist ihr ein neuer Schwanz gewachsen.

Im August bringt das Weibchen bis zu 15 Junge zur Welt. Sie werden lebend geboren und sorgen von Anfang an für sich selbst. Die Blindschleiche überwintert unter der Erde an einer Stelle, wo es nicht friert. Sie kann bis zu 50 Jahre alt werden.

Die Blindschleiche verliert ihren Schwanz, wenn sie von einem Raubtier bedroht wird.

WALDEIDECHSE

Männchen

Weibchen

Im März/April, wenn die Frühlingssonne wärmt, kommt die Eidechse aus ihrem Winterversteck hervor, wo sie seit dem Herbst geschlafen hat. Die Waldeidechse überwintert meistens alleine, aber es kommt auch vor, daß mehrere Eidechsen zusammen überwintern, manchmal sogar in Gemeinschaft mit Schlangen.

Die Waldeidechse lebt von Kleintieren, und sie fühlt sich am wohlsten an sonnigen, offenen Stellen im Wald oder an Wiesenrändern.

Das Weibchen bekommt die Jungen im August, und sie sehen von Anfang an ganz genauso aus wie ihre Eltern, nur viel kleiner und dunkler gefärbt. Eine ausgewachsene Waldeidechse ist etwa 15 cm lang.

Eine andere bei uns lebende Eidechse ist die *Zauneidechse*, sie ist etwas größer als die Waldeidechse und bevorzugt sandige, trockene Orte, zum Beispiel die Heide, Feldränder und Böschungen. Als dritte, seltenere Art findet man die *Smaragdeidechse*, die sehr viel größer wird (bis 40 cm). Genau wie die Blindschleiche, mit der die Eidechsen ja verwandt sind, können sie ihren Schwanz "verlieren" und so die Raubtiere, die sie fangen wollen, täuschen.

Das Junge der Waldeidechse in natürlicher Größe.

Zauneidechse (Männchen)

KREUZOTTER

Männchen der Kreuzotter. Das Weibchen ist meistens bräunlicher.

Die Kreuzotter ist eine der beiden Giftschlangenarten, die es bei uns gibt (die andere heißt *Juraviper*; sie ist im Südschwarzwald anzutreffen), aber sie beißt Menschen nur selten, und wenn, dann in Notwehr, zum Beispiel, wenn man auf sie tritt oder sie reizt.

Die Kreuzotter lebt in Mooren, Sümpfen, Heiden, Steinbrüchen und ähnlichen Gebieten. Sie frißt Kleintiere, besonders Mäuse. Sie hat keine Ohren, mit denen sie hören könnte, sondern "erriecht" ihre Beute mit ihrer gespaltenen Zunge. Ein blitzschneller Biß — und die Beute stirbt an dem Gift, das die Schlange mit ihren Zähnen spritzt (siehe Seite 15). Ein Mensch stirbt nur äußerst selten von einem Biß.

Das Weibchen bringt lebende Junge zur Welt. Wenn sie im August geboren werden, sind sie etwa 15 cm lang und haben bereits richtige Giftzähne. Eine ausgewachsene Kreuzotter wird etwa 60 bis 70 cm lang. Manchmal überwintern viele Kreuzottern gemeinsam unter einem Stein. Viele hundert Schlangen können auf diese Weise eng ineinander verschlungen ihren Winterschlaf halten. Alle Reptilien stehen bei uns unter Naturschutz.

Es gibt auch ganz schwarze Kreuzottern. Kreuzottern haben nie gelbe Flecken am Kopf wie die Ringelnatter.

Schlangen riechen mit ihrer gespaltenen Zunge.

Kopf der Kreuzotter. Sie hat längliche Pupillen.

RINGELNATTER

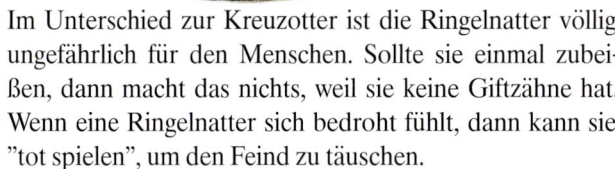

Im Unterschied zur Kreuzotter ist die Ringelnatter völlig ungefährlich für den Menschen. Sollte sie einmal zubeißen, dann macht das nichts, weil sie keine Giftzähne hat. Wenn eine Ringelnatter sich bedroht fühlt, dann kann sie "tot spielen", um den Feind zu täuschen.

Ringelnattern können sehr verschieden aussehen, sowohl in der Farbe als auch im Muster, und es ist nicht immer einfach, eine Ringelnatter von einer Kreuzotter zu unterscheiden. Die gelben Flecken am Hinterkopf sind ein sicheres Kennzeichen, aber es gibt auch Ringelnattern ohne diese gelben Flecken.

Die Ringelnatter schwimmt gut und ernährt sich hauptsächlich von Fröschen und Kröten. Deshalb lebt sie an feuchten Stellen, wo auch Lurche sich wohl fühlen.

Ringelnattern gibt es überall in Europa. Im Sommer legt das Weibchen seine Eier an einen warmen Ort, zum Beispiel in einen Misthaufen oder Kompost, und im August/September schlüpfen die Jungen aus. Sie müssen alleine zurechtkommen. Im Herbst zieht sich die Ringelnatter zur Winterruhe zurück und kommt erst im März/April wieder hervor, ungefähr zur gleichen Zeit wie die Kreuzotter.

Eine nahe Verwandte der Ringelnatter ist die Schlingnatter. Sie bevorzugt trockenes Gelände und kann gut klettern, sogar auf Bäume.

Die Ringelnatter kann bis zu 130 cm lang werden.

Die Pupillen der Ringelnatter sind rund, und das Profil ist nicht so "hochnäsig" wie bei der Kreuzotter.

51

Zum Weiterlesen

Dröscher, Vitus B.:
Tiere in ihrem Lebensraum, Ravensburg 1988

Haltenroth, Theodor:
Säugetiere sowie Lurche und Kriechtiere, BLV-Naturführer,
München 1978

Hester, Nigel:
Lebensraum Teich, Reihe *Natur entdecken*, Fellbach 1991

Reptilien und Amphibien
Reihe *Was ist Was?*, Nürnberg 1986

Steinbach, Gunther (Hrsg.):
Wir tun was ... für Frösche und Kröten, Stuttgart 1991

Tiere bei uns
spielen und lernen / Tierbuch, Seelze 1992

Die Tiere in unserer Heimat
Reihe *Farbiges Wissen*, Ravensburg 1990

Watts, Barrie:
24 Stunden im Wald, Fellbach 1990